VIVE ✝ JÉSUS !

ENCORE UN MOT

SUR LE

SECRET DE LA SALETTE

AVANT

LE DERNIER MOT DE DIEU

« Qui elucidant me, vitam
 æternam habebunt. (Sap.) »

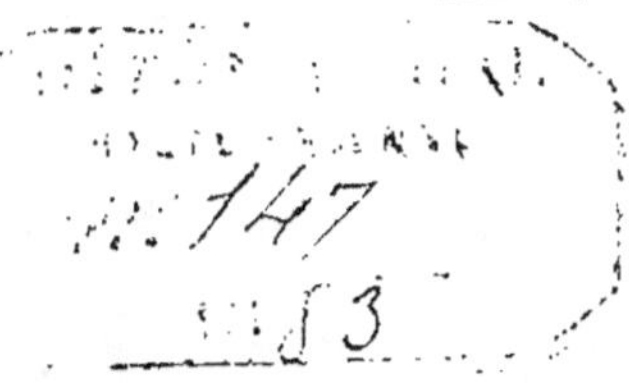

LIMOGES

Mme J. DUMONT, Imprimeur-Libraire
10, Place de la République, 10

1883

ENCORE UN MOT

sur le

SECRET DE LA SALETTE

AVANT

LE DERNIER MOT DE DIEU

ENCORE UN MOT

SUR LE

SECRET DE LA SALETTE

AVANT

LE DERNIER MOT DE DIEU

> » Qui elucidant me, vitam
> » æternam habebunt. (Sap.) »

LIMOGES

·Mme J. DUMONT, Imprimeur-Libraire
10, Place de la République 10

1883

DÉCLARATION DE L'AUTEUR

Nous soumettons cet opuscule au jugement du Saint-Siège Apostolique, et condamnons d'avance tout ce qu'il jugerait digne d'être condamné.

Après cela, si quelqu'un nous demande pourquoi nous le publions sans l'approbation de l'Ordinaire ?

Nous répondrons :

Parce qu'aucune loi de l'Eglise ne nous en *fait un précepte*, notre opuscule n'étant pas un livre proprement dit.

Conferantur regulæ præpositæ Indici librum prohibitorum. Editio novissima, Romæ, 1881.

AVANT-PROPOS

1° Une réflexion. — 2° Une lettre. — 3° Deux réponses. — 4° Une prière

---

<table>
<tr><td>

1° Une Réflexion :

QUI MÉPRISE

LE MESSAGE

DE

LA REINE

MÉPRISE LA

REINE :

QU'IL CRAIGNE

LE ROI!..

</td><td>

2° Une lettre :

X... de X... 31 janv. 1883.

« Monsieur l'Abbé,

« J'ai reçu votre bro-
« chure, *le Secret de la*
» *Salette et la Semaine re-*
» *ligieuse d'Amiens.*

» Quand vous publierez
» de tels ouvrages, je vous
» prie de ME FAIRE L'HON-
» NEUR DE NE PAS ME LES
» ENVOYER.

» X... DE X... »

</td></tr>
</table>

3° Deux réponses :

PREMIÈRE RÉPONSE :

« Castellamare, 13 Février, 1883.

» Mon très révérend Père,

» Que Jésus soit aimé de » tous les cœurs !...

» Que voulez-vous! Il » faut souffrir en faisant le » bien !...

» Nos ennemis ne reconnaîtront la vérité que » lorsqu'il sera trop tard » pour eux !...

» La vie des sens aveugle » tout le monde.

» X... de X... aurait dû, » en 1846, monter au ciel » et dire à Dieu ; « Mon » Dieu,

« Quand vous aurez de » tels enseignemen sà nous

» donner, je vous prie de » me faire l'HONNEUR DE NE » PAS ME LES ADRESSER, A » MOI !..

» C'est le moment du mal.

» Agréez, mon très révérend père, etc.

» MÉLANIE.

» *Vive N.D. de la Salette !* »

DEUXIÈME RÉPONSE :

Après l'humble Mélanie, que dirons-nous à notre tour ?...

Nous l'avouons, la lettre de X... de X... est écrite *festivé et sale gallico !...*

Utrùm autem gallicâ mente, et conscientiâ sive laicâ, sive ecclesiasticâ ? — Difficile dictu.

Equidem est prœclara, et expeditissima. *Calce* opusculum conterit : sed quàm meliùs fuisset ut *mente* contrivisset !...

His prœmissis :

Laissons de côté toute personnalité ; et étudions la question à la lumière de la justice éternelle qui ne fléchit jamais et ne tergiverse jamais :

Dieu a confié à chacun le soin de son prochain,

Voilà pourquoi, du premier au dernier, *et vice versâ*,

Nous nous devons et la *vérité* qui fait l'honneur des nations baptisées, et la *charité* qui en fait le bonheur.

A ce titre, notre opuscule « *le Secret*, etc. » n'est digne de mépris que s'il blesse la vérité, ou froisse la charité.

Mais, s'il le fait : Alors *où* ? *En quoi ?... Comment ?...*

Contre laquelle des huit règles du syllogisme simple pèche son argumentation ?

A quelle vérité de l'histoire ?... à quel dogme de foi ?... à quel précepte de morale est-il opposé ?...

Vienne d'où vienne, le dédain n'est une raison que pour qui est à bout de raisons.

Et pour tout esprit droit, le silence du dédain est une nouvelle preuve de la vérité dédaignée.

Si donc, on nous croit dans l'erreur, au nom de la Reine du Ciel, dont la gloire est en cause, qu'on nous le prouve !...

Et si on ne peut le prouver, que l'on sache s'humilier, *au moins devant Dieu,* d'un dédain dont toute la honte rejaillit sur son auteur.

Voilà plusieurs semaines que notre opuscule a été envoyé, avec profusion, en France et en Italie, aux personnages les plus compétents et les mieux en position de le juger ; et pas une voix ne s'est élevée, pour le censurer et le réfuter...

Bien au contraire...

Tant la vérité, qu'il renferme, est jugée inattaquable et digne de tout respect.

Eh bien, malgré cela, on peut la repousser cette vérité, au risque d'être condamné par elle... *On le peut !...*

Quant à nous, nous sommes et restons libre de la défendre, dans l'espoir qu'elle nous sauvera, selon qu'il est écrit : *cognoscetis veritatem et veritas libera-bit vos.*

Et c'est pour prouver notre invincible dévoûment à cette vérité *libératrice* que nous publions ce 2ᵉ opuscule.

Non, rien ne nous fera dévier de l'amour que nous avons juré à notre Mère pleurant sur nos malheurs: ni les mépris, ni les abandons, ni les persécutions.

Le triomphe de ses larmes, dont nous sommes tous la cause, *tous!... tous!...* sera malgré tout et toujours, le grand désir de notre vie.

Hélas!... si la France l'avait connu ce désir, elle ne serait pas si près de la ruine!...

O Marie, quand tomberons-nous à vos pieds, pour vous demander pardon d'avoir mis vos plaintes sous nos pieds ?!...

Ou bien faudra-t-il que nous soyons humiliés, jusqu'au centre de la terre, pour faire notre MEA CULPA ?...

4ᵒ Une prière :

O Vierge immaculée.

Faites-nous comprendre, par l'éloquence de vos larmes, qu'il est :

1ᵒ *Une lumière* que personne ne peut approfondir; pas même les plus savants!

2ᵒ Un jugement que tous doivent redouter; même les plus saints !...

3ᵒ Des foudres auxquelles personne ne peut résister; pas même les plus forts.

Dites-nous, aussi, ô notre Mère toute bonne, que vous vous seriez bien gardée de choisir l'humble messagère de vos plaintes maternelles, et la fidèle confidente de vos secrets douloureux,

Si vous n'aviez pas été *absolument certaine* qu'elle n'abuserait jamais du mandat que vous lui aviez conféré; et qu'elle *ne se couvrirait jamais de votre nom* pour formuler des plaintes calomniatrices, contre les oints du Seigneur, que Dieu défend de toucher, comme la prunelle de ses yeux.

Oh ! de grâce,

Inclinez-nous au repentir, avant que la justice divine ne se voit contrainte de nous abandonner sans retour !

Et si nous avons été les enfants de vos larmes, que nous devenions enfin les enfants de vos joies !

Pour être :

Les vrais élus de votre cœur !

Les vrais ouvriers de vos gloires !

Les vrais propagateurs de votre règne !

ERNEST RIGAUD,

Le dernier de vos enfants, jusqu'à la mort ; et premier vicaire de Saint-Pierre, Limoges, le temps qu'à Dieu plaira,

———

VIVE † JESUS !..

I

Que dit Mélanie des attaques contre le Secret

« Castellamare, 9 août 1882.

» *Que Jésus soit aimé de tous les cœurs!*

. . . .

» C'est avec une nouvelle douleur que j'ai appris, il
» y a quelques semaines, la nouvelle guerre faite
» par... *contre le Secret.*

» Les Juifs et les Pharisiens faisaient de même,
» contre les prédications du Christ Jésus, notre doux
» Sauveur.

» Et que n'ont-ils pas fait contre les apôtres? —
» Pendant que Saint Paul prêchait, Ananie, *grand-*

» *prêtre*, ordonna à un de ceux qui étaient près de
» Saint Paul, de le frapper au visage.

» La même chose vient de se produire, contre la
» pauvre Messagère de la Reine du Ciel : Dieu soit
» béni !

» Les nouveaux *Ananie* font frapper sur la figure
» de la *pauvre Bergère*, parce qu'elle redit les
» plaintes de Marie ; à son tour, Dieu frappera.

. . . .

» Je suis plus affligée du manque de foi de ces
» personnes, que des persécuteurs de la religion.

. . . .

» C'est un temps de grande épreuve pour les
» bonnes âmes : Dieu leur tiendra compte de leurs
» souffrances et de leur patience.

» *Marie de la Croix, victime de Jésus.*

» *Vive N.-D. de la Salette !* »

« Castellamare, 14 octobre 1882.

» *Que Jésus soit aimé de tous les cœurs*!

. . . .

« J'ai lu avec une grande satisfaction votre ma-
» nuscrit :

« *Encore un mot sur le secret de la Salette.* »

» Puisse le Seigneur le bénir pour les âmes de
» bonne volonté qui le liront !

» Quant aux personnes de *mauvaise foi* et de *mau-
» vaise volonté,* il faut une grâce particulière pour
» leur ouvrir les yeux.

» *Elles sont plutôt à plaindre qu'à blâmer.* Nous
» n'avons qu'à les recommander au bon Pasteur des
» âmes.

» Nous avons eu ici Monseigneur Zola, ces derniers
» jours : *Sa grandeur a eu beaucoup de plaisir de
» votre ouvrage.*

» Merci, mille et mille fois, pour tout le zèle que
» vous déployez pour faire connaître la vérité !

» Qu'il est triste de voir la guerre faite contre la
» Salette, *et par qui?...*

» Dernièrement, n'a-t-on pas dit que le Saint Père
» *a défendu de reproduire N.-D. de la Salette comme
elle est apparue?*

» Et cependant, rien n'est moins vrai!...

» Oh! comme on se laisse aveugler par le diable!

» C'est désolant de voir que *la lumière est devenue*
» *ténèbres!...*

» *Marie de la Croix, victime de Jésus.*

» *Vive N.-D. de la Salette!... »*

II

Qu'a pensé Pie IX du secret de la Salette ?

— Ses propres paroles vont nous le dire :

1° En 1851, le Secret de Mélanie est porté à Pie IX, par deux délégués de Monseigneur l'Evêque de Grenoble.

A la lecture de cette douloureuse Révélation, le visage de Pie IX s'assombrit et il lui échappe ces mots :

« *Ce sont des malheurs pour la France et l'Europe !* »

Depuis, que de fois n'a-t-on pas surpris sur ses lèvres, cette plainte : *Pauvre France !... Pauvre France !* »

2° En 1870, Pie IX assiste impuissant à l'écrasement de la France, cette France qu'il a toujours tan aimée !

« Voici, dit-il à la vue de nos malheurs, *les menace de la Salette qui s'accomplissent !* »

3° Quelques temps avant sa mort, Pie IX reçoit la visite du R. P. Giraud, ex-supérieur des missionnaires de la Salette.

Celui-ci hasarde une question ; et demande au T. S. Père ce qu'il pense du Secret de la Salette : « *Le* » *Secret de la Salette !* répondit vivement Pie IX, *ce* » *que j'en pense ? — mon Père !... nisi pœnitentiam* » *egeritis omnes similiter peribitis !...*

A qui cette parole n'imposera-t-elle pas le respect, et n'inspirera-t-elle pas de terreur ?...

4° Enfin, *par trois fois consécutives*, sur les sollicitations du Saint Evêque de Luçon, Monseigneur Baillès, Pie IX ne craignit pas de donner sa *bénédiction autographe* aux livres de Monsieur Girard, de Grenoble, qui avaient pour *but bien avoué*, de faire connaître au monde le Secret de Mélanie et de le venger des *hautes* attaques dont il était l'objet.

Donc Pie IX était loin du mépris que certains osent faire de ce message que Marie, elle-même, appelle sa « *grande nouvelle :* »

« Avancez, mes enfants, je suis ici pour vous dire une *grande nouvelle !* » (19 septembre 1846.)

Et il est bien de toute évidence que Pie IX voyait, dans le Secret, autre chose que des *inepties, des mensonges et des extravagances :*

Cette conclusion s'impose.

III

Que pense Léon XIII du Secret ?

— Ses actes le révèlent :

La pensée de Pie IX nous étant clairement manifestée, nous pouvons déjà juger de celle de Léon XIII;

Voilà pourquoi :

1º A l'époque où Monseigneur l'Evêque de Grenoble était en instances auprès du Saint-Siège, en décembre 1878, pour obtenir le couronnément de N.-D. de la Salette, Léon XIII, avant d'accorder cette faveur, voulut se faire, par lui-même, un jugement,

1º sur Mélanie si méprisée et dédaignée par la pauvre France ;

2º Sur les révélations secrètes dont elle persistait, envers et contre tous, à se dire la dépositaire et la messagère.

Dans ce double but, Léon XIII fait venir Mélanie à Rome, où elle a l'honneur d'être accompagnée pro-

2

videntiellement par Monseigneur Fava, Evêque de Grenoble.

Elle est reçue, en audience particulière, par Sa Sainteté.

Sur la demande de Léon XIII, elle reste cinq mois à Rome, pour transcrire, de sa main, tout ce qu'elle affirme savoir de Marie.

Et qu'arrive-t-il?

— Léon XIII, 1° après avoir vu Mélanie et lu le Secret, 2° après avoir soumis Mélanie et son Secret à une commission de cardinaux,

Cède aux instances de Monseigneur de Grenoble ; et accorde le couronnement de N.-D. de la Salette, pour le mois d'août 1879.

Or, Léon XIII eût-il accordé cette faveur souveraine, qui mettait le dernier sceau à la Grande Révélation de la Salette, s'il n'avait vu :

1° En Mélanie qu'une orgueilleuse, une menteuse, une extravagante, comme nous nous permettons de l'écrire, si *légèrement*, dans les feuilles les plus *sérieuses ?*

2° Dans son Secret *qu'inepties, etc...* comme...? *Cette question est de simple bon sens.*

Voilà pourquoi :

2° Une fois le Secret publié intégralement, par Mélanie elle-même, en novembre 1879, (avec l'approbation de Monseigneur le comte Zola, évêque de Lecce et ancien directeur de Mélanie, qui, certes, croyait bien être fixé sur le jugement favorable du Saint-Siège, par le couronnement de N.-D. de la *Salette* qui avait suivi le séjour de Mélanie à Rome).

Léon XIII pria Monsieur Nicolas, en avril 1880, d'écrire un livre pour expliquer le *Secret* afin que tous *pussent le comprendre.*

Mais, dira-t-on, est-ce bien sûr?

— C'est tellement sûr que Monseigneur le comte Zola l'affirme expressément, dans une lettre livrée à la publicité depuis bientôt deux ans, et à laquelle aucun démenti n'a été infligé.

Voilà pourquoi :

3° Léon XIII, malgré les récriminations qu'a soulevées le *Secret*, n'a jamais, jamais dit un mot, ni par lui-même, ni par les congrégations, qui pût infirmer la valeur intrinsèque du *Secret*.

Dès lors quel respect doit inspirer à tous une conduite si respectueuse et quelle faute serait ici le mépris ?...

IV

Une comparaison lumineuse ?...

Les faits que nous citons une fois établis, et ils sont incontestables, nous nous permettons de rappeler ce principe :

Tous, dans l'Eglise de Dieu, doivent s'efforcer de penser, parler et agir en tout et toujours; comme pense, parle et agit le Pape, en tant que Pape.

Ce principe est élémentaire et fondamental.

Or, quels sont ceux qui mettent ici le mieux en pratique ce principe, et dont la conduite se rapproche le plus de la conduite du Pape?

Ou les croyants au Secret, ou les opposants?

Par exemple : ou Monseigneur Zola qui approuve publiquement le *Secret* après que le Pape, par le couronnement de N.-D. de la Salette, *a mis le dernier sceau à l'Apparition et à la Révélation du 19 septem-*

bre 1846, et vengé si solennellement la Bergère des Alpes, des accusations d'hallucinée et de menteuse, qui lui étaient prodiguées ?

Ou telle *Semaine Religieuse* qui, au lieu d'*approuver*, ou *au moins de se taire*, se met à proclamer à son de trompe, que la Révélation de la Salette, dans *sa partie la plus intime et la plus grave*, n'est qu'INEPTIES !.... MENSONGES !.... EXTRAVAGANCES !.... et pour que la mesure déborde encore davantage, ose se *dire approuvée, en cela, par Rome ?*...

OBSTUPESCITE CŒLI !...

Du côté de cette *Semaine Religieuse, quelle confusion !... quel chaos !... quel oubli des lois et des devoirs les plus sacrés !...*

1° *Respect dû au Pape*, méprisé dans ses paroles et dans ses actes !...

2° *Respect dû aux nombreux et éminents Prélats* qui avaient approuvé le Secret et dont l'approbation est tournée ainsi en dérision !...

3° *Respect dû à la divine Marie* si tristement méprisée dans sa Messagère !...

Etc..., etc...

Mais, au contraire, du côté de Monseigneur le comte Zola, *quelle lumière !.... quelle sécurité !.... quelle force !.... quelle garantie de toutes les bénédictions !....*

puisque être avec Monseigneur Zola, c'est être avec Pie IX, c'est être avec Léon XIII, c'est être avec vous-même, ô glorieuse et divine Mère de Jésus!...

Et on ne l'a pas compris!... Et on ne le comprend pas!

O Marie! que de choses motivent vos larmes!

V

Mais les Pères de la Salette ?

La réserve des Pères de la Salette, à qui le cardinal Caterini écrivit, il y a bientôt 3 ans, la même lettre qu'à Monseigneur de Troyes et *qu'ils ont eu, eux, la sagesse de taire,*

Cette réserve ne prouve absolument rien :

1º Elle ne prouve rien contre le Secret publié déjà, *sauf quelques réticences,* en 1870 et 1873.

Car elle ne détruit en rien la valeur des *trois Bénédictions autographes de Pie IX,* dont nous parlons plus haut et plus loin.

Ni celle des approbations que lui donnèrent son Eminence le cardinal Sforza, Archevêque de Naples ; son Eminence le cardinal Guidi ; Monseigneur Ricciardi, Archevêque de Sorrento ; Monseigneur Pétagne, Evêque de Castellamare ; Monseigneur Baillès, Evêque de Luçon ; grand nombre de Prélats italiens, comme l'affirme Monseigneur le comte Zola.

Sans parler de la chaleureuse approbation de Monseigneur l'Evêque d'Urgel qui fut au concile du Vatican, la gloire de l'Episcopat espagnol et la terreur des opposants ; sans parler encore de l'approbation de plusieurs patriarches d'Orient.

(Consulter la Terre-Sainte, *journal publié autrefois par M. Girard, à Grenoble).*

2° Cette réserve ne prouve rien, non plus, contre le Secret, *publié intégralement*, en 1879, avec l'approbation de Monseigneur l'Evêque de Lecce ; et dans les circonstances dites plus haut.

Nous qui sommes pèlerin assidu de la Salette, depuis bientôt 20 ans, et qui avons vu souvent, à l'œuvre, les Pères de la Salette et admiré leur zèle et leurs vertus, nous certifions que jamais, dans *l'exercice officiel de leur charge, ils ne sont sortis des bornes d'une réserve pleine de respect.*

Pour eux, il est hors de doute que le document livré à Pie IX, en 1851, est le véritable Secret.

Mais ils ne disent pas que le document publié en 1870 et 1879 ne lui soit pas conforme.

Ils ne peuvent pas le dire, puisqu'ils ignorent le premier et ne peuvent le comparer au second.

Rome seule, en effet, qui connaît le premier, peut dire si le second lui ressemble ou lui est opposé.

Et comme Rome ne dit rien, les Pères de la Salette

se taisent et attendent que Rome parle pour parle eux-mêmes ; sans néanmoins contester le droit, que d'autres croient avoir de ne pas garder le silence.

Or, quel crime peut-on leur en faire ? — Aucun.

Comme aussi quelle conclusion peut-on en tirer ? — Une seule : à savoir que, s'ils sont libres de se taire, les autres sont libres de parler.

Donc leur réserve ne prouve rien contre le Secret ; et c'est tout ce qu'il nous faut.

Après cela, que tel ou tel missionnaire de la Salette, pris en particulier, ait dépassé les limites de cette réserve toute respectueuse, soit dans une conversation, soit dans une correspondance, nous voulons l'ignorer parfaitement.

Mais, la chose fût-elle vraie, elle ne serait qu'une faute isolée, d'aucun poids dans la balance ; car une Communauté n'est pas responsable des écarts isolés d'un de ses membres.

Mais, dira-t-on, quoiqu'il en soit des Pères de la Salette, à l'égard du *Secret*, il n'en est pas moins vrai, qu'entre eux et Mélanie, la divergence est complète.

Eux, les Pères, n'ont jamais voulu accepter les Règles des vrais Missionnaires que Mélanie dit avoir reçues de la Très-Sainte Vierge ; et cela, malgré la latitude entière que Rome leur en a laissée, il y a trois ans, après l'examen de ces Règles.

Elle, Mélanie, dans les rares apparitions qu'elle fait à la Salette, ne fait que passer sur la Montagne où elle a vu, un instant, celle qu'elle désire si fort voir éternellement. Elle passe, comme si cette terre qu'elle chérit tant, lui brûlait les pieds ; mais jamais la plus courte visite aux vénérés Missionnaires, parce que, pour elle, s'ils sont où ils doivent être ; *et ils y sont, puisque c'est l'Eglise qui les y a placés ;* ils ne font pas encore tout ce qu'il faut faire, c'est-à-dire ce que Marie a ordonné.

La divergence entre eux et elle, ne peut donc être plus accentuée ?

Et cependant, les Missionnaires sont des Prêtres si humbles, si zélés ; on ne sait vraiment que penser de Mélanie ?...

— L'objection est délicate ; nous ne l'aborderons pas de front.

— Néanmoins, puisqu'il faut absolument y répondre : nous ferons remarquer que Dieu arrive à son but, par bien des moyens que nous ignorons ; et que, pour la réalisation de ses desseins, Il a les siècles des siècles ; tandis que nous, créatures éphémères, nous n'avons que les jours de nos années, les heures de nos jours, les minutes de nos heures, les secondes de nos minutes et moins encore.

Voilà pourquoi, Dieu, en prenant son temps et en

laissant les hommes se hâter, arrive toujours le premier.

Et puis, les heures de Dieu ne coïncident pas tout-à-fait avec les heures de l'homme ; ce qui oblige souvent l'homme à attendre plus qu'il ne s'y attendait.

Cela dit, l'heure de Dieu, pour l'œuvre intégrale de la Salette, était-elle arrivée ?... *Qui le sait* ?

Une seule chose nous paraît bien claire : ce n'est pas la divergence complète, c'est l'accord parfait entre les Pères de la Salette et Mélanie.

Oui, à regarder le fond, ils s'entendent on ne peut mieux ; quoique paraissant aller aux antipodes.

En effet : les Pères de la Salette, de leur côté, ne veulent qu'obéir à l'Eglise qui, au fond, ne désire rien tant que de les voir obéir à Marie ; *c'est sûr*.

Mélanie de son côté, veut, à tout prix, obéir à Marie qui ne lui recommande rien tant que d'obéir à l'Eglise : *c'est très-sûr*.

Ils sont donc dans le même chemin ; et pour peu que les excellents Pères avancent le pas, et que l'humble Mélanie le ralentisse, ils finiront par se rencontrer et marcher ensemble.

Enfin, ne l'oublions pas :

Dieu a imposé, à l'ordre de la nature, un temps d'arrêt qui est l'hiver. Or, il en fait de même dans l'ordre de la grâce ; et à la faveur de ces temps d'arrêt qu'il impose aux œuvres les plus importantes, il leur fait pousser de plus profondes racines dans les cœurs, et les prépare à produire des fruits plus nombreux et plus beaux, quand viendra le printemps des bénédictions.

Cette dernière observation explique tout et concilie tout :

VIVE † JÉSUS !...

V I

Mais la lettre du cardinal Caterini ?

Nous sentons le langage mesuré que nous impose ici la dignité de ce Prince de l'Eglise. Aussi nous contenterons-nous de quelques mots rapides mais francs et sincères, comme l'histoire est en droit de l'exiger :

1° Le cardinal Caterini n'était que Secrétaire du Saint-Office : Donc les *Semaines Religieuses* qui lui ont donné le titre de Préfet du Saint-Office se sont trompées. Avis aux lecteurs.

2° Il y a tel membre de l'Index et tel autre du Saint-Office, qui ont assuré que la question n'a pas été soumise à leur Congrégation respective et qu'ils n'avaient connu la lettre du cardinal Caterini que par la voie de la publicité. Donc le cardinal Caterini aurait écrit cette lettre de sa propre autorité, et non en sa qualité de Secrétaire du Saint-Office.

Ainsi, nous l'a affirmé Mélanie dans une lettre, en

date du 25 octobre 1880, d'après des renseignements sûrs, pris par elle ; et pour que personne n'en ignore, nous la citons :

« Castellamare, 25 octobre 1880.

» Mon très Révérend Père,

» *Que Jésus soit aimé de tous les cœurs !*

» Ne vous troublez pas de tout ce que fait le démon » par le moyen des hommes ; le Bon Dieu le permet » pour affermir la foi des vrais croyants.

» Plus que jamais nous devons avancer dans le » Saint-Amour de Dieu, pardonner à nos ennemis » qui sont pour nous les instruments dont se sert le » Divin Maître, pour nous aider à nous dépouiller de » tout, pour nous couvrir du manteau Royal du Divin » Amour.

» J'ai dû prendre des renseignements à Rome, et » faire connaître ce qui se passe en France, et la lettre » du cardinal Caterini.

» Quelques .... français ayant écrit plusieurs » fois, disant que la lecture du Secret faisait *beaucoup* » *de mal parmi les fidèles,* il était naturel que le car- » dinal Caterini.... répondît : « *que cette brochure soit*

» *retirée des mains des fidèles.* » C'était la seule
» réponse à faire, dans ce cas.

» Nous savons bien aussi, qu'il y a certains livres
» très bons et bons par excellence, comme la Bible
» par exemple ; eh bien, si ces livres font du mal à
» quelques imaginations vives, on dira, de suite, de
» retirer ces livres des mains de ces personnes-là : ce
» qui est sage, et n'ôte rien à la bonté de ces livres.
» Les croyants se sont trop tôt alarmés, puisque
» cela ne vient que de deux ou trois cardinaux, in-
» croyants à la Salette.

» Les personnages à qui je me suis adressée appar-
» tiennent, l'un à la Congrégation de l'Index et l'autre
» à la Congrégation du Saint-Office ou de l'Inquisi-
» tion, qui est la même chose. Autant *l'un que l'autre,*
» ils ignoraient la lettre du cardinal Caterini.

» C'est ce qui leur a fait dire que c'est un parti qui
» a agi indépendamment du Pape, et même des Con-
» grégations de l'Index et de l'Inquisition.

» Tout cela nous fait voir, une fois de plus, le par-
» fait accomplissement du Secret :

» *Il y aura des divisions dans toutes les sociétés...*
» *il n'y aura plus d'union...*

» *Chacun voudra se conduire à sa guise... les ténè-*
» *bres obscurciront les intelligences... etc...*

» La seconde édition du livre du bon et zélé M. Ni-

» colas, pour la défense du Secret, doit bientôt paraî-
» tre. J'espère qu'elle fera beaucoup de bien aux
» âmes qui ont été ébranlées par la lettre du cardinal
» Caterini, *laquelle n'était certainement pas faite*
» *pour être publiée...*

» Agréez, mon très vénéré Père, l'hommage du
» plus profond respect, avec lequel j'ai l'honneur d'être

. . . .

Marie de la Croix, Victime de Jésus »

« VIVE N.-D. DE LA SALETTE! »

3° La lettre du cardinal Caterini, fût-elle *vraiment*
officielle, n'exprime, après tout, qu'un déplaisir causé
par la publication du Secret. Secret qu'elle voudrait
voir retiré de la circulation ; comme si quelqu'un
publiait, en français, le cantique des cantiques.

Mais, *et qui pourra apprécier le poids de ce Mais?...*

Mais elle ne touche en rien à la question de fond
qui nous occupe :

Quel silence d'or !...

Donc si elle ne dit rien contre, elle ne prouve rien
contre.

Mais, il y a plus : c'est qu'en ne disant rien contre,
elle prouve tout en faveur du Secret.

Insistons un peu sur ce point.

VII

Un silence significatif ?...

Chose souverainement digne de remarque : la lettre du cardinal Caterini ne dit pas un mot contre le Secret considéré en lui-même !...

Or pourquoi ce silence?... Pourquoi? Il a sa raison : cherchons.

Ici, nous demandons à nos lecteurs toute leur attention et leur bonne foi.

Devant les montagnes de récriminations soulevées par la publication du *Secret intégral*.

1º : Quel a dû être nécessairement le premier soin du Saint-Siège?...

— Examiner la valeur *intrinsèque* du Secret : c'est de toute évidence.

Mais, 2º : quel moyen infaillible avait-il pour juger de cette valeur?

— La comparaison du Secret publié en 1879, avec le Secret donné à Pie IX en 1851, et sur lequel il n'y a jamais eu de doute.

Comparaison facile à faire, puisque Pie IX avait communiqué le Secret de Mélanie à plusieurs cardinaux, outre que le texte avait dû en être conservé précieusement dans les archives : si l'on y conserve les messages des princes de la terre, à plus forte raison y conserve-t-on les messages de la Reine du Ciel !...

Or cette comparaison faite, ou le document de 1879 a été trouvé conforme au document de 1851, et il est aussi vrai que celui de 1851, et la question est jugée.

Ou le document de 1879 a été trouvé opposé à celui de 1851 ; et c'est Mélanie prise, cette fois, en flagrant déli de mensonge et d'imposture.

Et dès lors, il y aurait eu, pour le Saint-Siège, obligation rigoureuse, au dernier degré, d'en informer bien vite le monde catholique ; afin que tous se tinssent désormais, en garde contre les écrits et les dires de Mélanie.

Eh bien, au lieu de cela, voilà trois ans que Rome laisse crier les opposants au Secret ; sans que rien ne puisse la sortir de son silence !...

Silence fut-il jamais plus éloquent ?

Donc, il est de toute évidence que le Secret publié,

en 1879, a été trouvé conforme au Secret donné à Pie IX, en 1851.

Donc l'un est aussi vrai que l'autre.

Et puisqu'on a toujours cru à la vérité de l'un ; il faut nécessairement croire à la vérité de l'autre.

Sinon, adieu la logique !

VIII

Mais si Rome n'a pas condamné le SECRET c'est par égard pour Monseigneur l'Evêque de Lecce qui l'a approuvé?

— Cela a été dit à bord de la *Picardie*, devant les pèlerins de la Terre-Sainte, en 1882.

Nous répondons : il est une chose que Rome a toujours mise au-dessus des égards dus aux Evêques, ce sont les égards dus à la vérité.

Et ils connaissent bien mal le Saint-Siège ceux qui font une pareille objection.

Que de fois, en effet, des livres approuvés par des Evêques ont été condamnés par Rome!...

Or, dans le cas actuel, supposé que le document publié en 1879, n'eût pas été trouvé conforme à celui donné à Pie IX, en 1851,

Ou supposé, qu'après examen, on y eût découvert des *inepties*, des *mensonges,* etc.

L'obligation de le condamner aurait été d'autant plus stricte, pour Rome; que le mensonge aurait été, ici, accrédité par une approbation épiscopale, d'un aussi grand poids et dans une matière si grave!

C'est élémentaire : l'objection tombe : passons

IX

Pourquoi tant donner d'importance à la Salette? — Ad quid ?... — L'Evangile nous suffit !...

Ainsi, nous parlait, en effet, un très grand personnage, en très haut lieu, il y a deux ans; et avec lui, combien de sages ont parlé de la sorte!...

Daigne la Mère de la miséricorde leur pardonner à tous l'injure d'un tel langage!

L'Evangile nous suffit !...

Hélas! voilà plus de trois siècles que le Protestantisme s'efforce de le faire croire au monde!

L'Evangile nous suffit!...

— Oui, mais en y ajoutant l'Eglise, le Pape, les Sacrements, les Apôtres, les Martyrs, les Pères et les Docteurs et tous les Saints, etc., etc.

Sans parler des ordres religieux, etc., et le malheur c'est bien que nous n'en usons pas suffisamment de l'Evangile, et du reste : C'est bien pour cela que notre société court à l'abîme !...

L'Evangile nous suffit !...

Mais n'est-ce pas l'Evangile, lui-même, qui nous avertit de profiter des grâces de salut, que Dieu nous donne, si nous ne voulons pas périr; quoique souvent et très souvent ces grâces ne soient pas des articles de foi.

L'Evangile nous suffit !...

Mais penserait-on que la Très Sainte Vierge, en descendant du Ciel à la Salette, serait venue, avec la prétention de compléter l'Evangile et d'augmenter le dépôt sacré de la foi?

L'Evangile nous suffit !...

Mais est-ce que la Divine Marie n'aurait pas quelque droit, dans l'Eglise de Dieu, pour nous rappeler l'Evangile; lorsque le Dieu de l'Evangile est par trop blasphêmé et que sa loi sainte est par trop oubliée?

L'Evangile nous suffit!...

Mais est-ce que la Très Sainte Vierge serait mise hors de l'Evangile?... Est-ce que l'Evangile lui-même ne nous enseigne pas, au moins implicitement, que toutes les grâces de salut pour les peuples comme pour les individus nous viennent par Marie?

L'Evangile nous snffit!...

Ah! du temps des Constantin, des Clovis, des Charlemagne, des Sainte Geneviève, des Jeanne d'Arc, des Saint Pie V, des Sobieski, des Saint Vincent Ferrier, etc., etc., on avait l'Evangile, comme nous l'avons aujourd'hui; et néanmoins la France et le monde furent bien heureux d'avoir, en plus, les héros que nous nommons.

L'Evangile nous suffit!...

Mais pourquoi Dieu a-t-il communiqué l'esprit pro-phétique à ses saints?...

Pourquoi tant de prédictions et de révélations dont est pleine l'histoire de l'Eglise?...

Dieu aurait-il fait là des inutilités et des hors-d'œuvre?...

Toutes ces révélations et prédictions ne mérite-raient-elles que notre dédain?

Et parce que l'Evangile suffit, Dieu se serait-il imposé la loi d'un éternel silence ?...

Au contraire, l'histoire, d'accord avec l'Ecriture, ne nous dit-elle pas, que Dieu parle souvent par l'organe de ses saints ; et nous révèle, par eux, les secrets de sa sagesse ?

L'Evangile nous suffit !...

Mais, s'il est dans l'Evangile des prophéties sur lesquelles Dieu a jugé, à propos, d'attirer aujourd'hui notre attention,...

Quelle entremise meilleure, entre lui et nous, peut-il employer, si ce n'est l'entremise de Celle qu'il nous a donnée pour Mére ?

L'Evangile nous suffit !...

Mais, voulons-nous dire, par là, que Marie a été trop bonne de se déranger pour nous ; et qu'elle pouvait bien rester au Ciel ?

L'Evangile nous suffit !...

Est-ce donc là tout l'honneur que mérite le message de la Vierge Immaculée ?

L'Evangile nous suffit !...

t lorsque, de nos jours, à la vue du mal qui devient

si grand, et de la séduction qui devient si générale ;
lorsque, entrevoyant les luttes suprêmes que les fils de
la lumière auront à soutenir contre l'Antechrist, dans
un avenir que l'Evangile nous dit certain et que tant
de voix prophétiques nous disent prochain...

Lorsque notre Mère toute bonne vient nous faire
entendre les cris de son effroi et de sa détresse, pour
un si grand nombre d'âmes qui vont peut-être périr,
au milieu de la grande séduction !... quoi donc !... en
réponse à tant de sollicitude et d'amour !... nous !...
ses enfants ! pour la remercier de ses larmes, de ses
avertissements et de ses menaces, nous n'aurions
qu'à lui jeter au visage cette parole glaciale :

« L'Evangile nous suffit !!!... »

Et cela, pendant que d'autres, encore plus coupables,
osent, devant l'Apparition de son message, crier à
l'ineptie !... au mensonge !... à l'extravagance !... malgré trente-six ans de prodiges et de fléaux qui confir-
ment les paroles de Marie d'une manière si frappante !. .

Alors, alors quelle est donc l'horreur de la nuit qui,
imperceptiblement, s'est faite dans les âmes ?

N'est-ce pas le comble de la confusion, prélude certain de la ruine ?

X

Mais la mission de Mélanie n'a-t-elle pas été terminée du jour où elle eut donné son secret à Pie IX ? — Pourquoi s'obstine-t-elle à parler ?

Nous répondons :

Non seulement la mission de Mélanie ne fut pas terminée le jour où elle donna son Secret à Pie IX, mais fût-elle morte ce jo r, sa mission n'eût qu'été interceptée; et Marie, pour continuer l'œuvre entreprise, aurait dû susciter quelqu'un plus, mais non le Pape.

Oublions un instant l'étonnement que nous peut causer la hardiesse de cette assertion, et méditons-en les preuves :

En effet, allons droit au but :

1° En quoi consiste la mission de Mélanie ?

— Dire ce que la **Très Sainte Vierge lui a confié!**

Discours et Secret, rien de plus et rien de moins.

2° Et à qui doit-elle le dire?

— **Ecoutons la Très Sainte Vierge elle-même lui traçant sa ligne de conduite pour le reste de ses jours :**

« *Eh bien, vous le ferez passer à tout mon peuple!* » Et pour que l'on ne s'y méprenne pas, elle lui répète ces paroles qui sont ses paroles d'adieu :

« *Eh bien, vous le ferez passer à tout mon peuple!* »

C'est donc au *Peuple tout entier* que Mélanie est députée et non pas au Pape seulement.

Donc Mélanie a beau dire son *Secret* au Pape, cela ne la dispense pas de le livrer au Peuple, en temps voulu par Marie, et que Marie seule a le droit de lui fixer.

Eh! si la Très Sainte Vierge a jugé à propos de faire arriver le *Secret* au monde, par Mélanie et non par le Pape!...

Elle est bien libre, certes!... Et il faut bien, coûte que coûte, que Mélanie s'exécute et obéisse!... comme aussi que tous dans l'Eglise de Dieu, depuis le premier jusqu'au dernier, se taisent et écoutent, en attendant la sanction des évènements.

Mais, dira-t-on, c'est étrange !...

— Nous répondons : Eh ! qui donc, sur la terre, osera se permettre de censurer la conduite de Marie ?

Mais, dira-t-on, c'est à n'y rien comprendre ?

— Nous répondons : c'est au contraire très sage ; et Marie, en agissant de la sorte, a bien montré, une fois de plus, qu'elle est le Siège de la Sagesse.

Réfléchissons et nous en conviendrons.

Tel que le Secret est conçu, vu la gravité des plaintes qu'il renferme et des catastrophes qu'il annonce, le Pape ne pouvait et ne devait pas en assumer la responsabilité ; c'eût été compromettre son Autorité Suprême, et exposer à un danger imminent de schisme tous les opposants, qu'une révélation, de cette nature devait nécessairement susciter.

— Car supposé le Pape chargé de promulguer le Secret, toute opposition au *Secret* devenait une opposition au Pape.

C'était la voie ouverte à un schisme, dont les proportions auraient été incalculables.

Mais, la Vierge Très Prudente, n'avait pas besoin qu'on lui signalât ce danger, pour l'apercevoir.

Voilà pourquoi, tout en laissant le Pape dans la Majesté sereine du Souverain Pontificat, afin qu'il n'ait, lui et l'Eglise, à porter aucune responsabilité,

Marie est allée choisir la dernière de son Peuple,

qui ne pouvait risquer que sa personne en acceptant d'être sa Messagère ; et c'est à cette humble Fille de la montagne qu'elle confie le plus redoutable des messages ; se chargeant de le sanctionner elle-même, à la vue du monde entier, par l'éclat des prodiges et la voix des évènements, sans que le Pape ait besoin de faire acte d'autorité infaillible, et sans que l'Eglise soit mise en demeure d'imposer cette révélation, comme un dogme de Foi.

De sorte que le Pape, comme le plus humble des Enfants de Marie, *et il s'en fait gloire*, et le Serviteur des Serviteurs de Dieu, n'a ici qu'à écouter la Messagère de la Reine du Ciel.

Ce qui ne l'empêche pas, toute fois, hâtons-nous de le dire, en sa qualité de Vicaire de Jésus-Christ, d'examiner le Message, et de le faire examiner par ses cardinaux, afin de s'assurer de son origine céleste, par sa conformité avec les données de la Foi, de la Tradition et de l'Histoire ; et aussi, afin d'imposer silence à la soi-disant Messagère de Marie, dans le cas où il verrait clairement que sa Mission est imaginaire et qu'elle propage l'erreur.

Ainsi, et c'est là que la sagesse de Marie est vraiment admirable, ainsi le Pape reste dans l'exercice pur et simple de ses fonctions ; son autorité est sauvegardée, parce que son rôle se borne, jusqu'à la fin, à celui d'observateur et de juge ; et il laisse celui de Prophète, à ceux qu'il plaît au Ciel de choisir.

Et, pendant que le Pape reste dans son rôle de Pape, Marie, dans sa sollicitude pour notre salut, par l'entremise d'une humble Bergère qu'elle gardera désormais, sous sa protection spéciale, au milieu des épreuves de tout genre que lui réserve la sagesse du Ciel et que lui prépare l'inconséquence des hommes; et à l'aide de cette Pauvre Ignorante, qui savait à peine deux ou trois mots de patois, elle trouvera le moyen, sans que le Pape ait besoin de s'en mêler, de faire arriver aux extrémités de la terre, l'annonce précise des maux qui doivent marquer les approches de la fin du monde; pour que ceux qui y voient encore soient prémunis contre la séduction terrible des derniers temps.

Bornons là ces observations dont personne, nous l'espérons, ne contestera la justesse.

Tous voient maintenant qu'en 1851, pas plus qu'en 1846, il ne convenait que le Pape se fît le Promulgateur du Secret, pour ne pas assumer une responsabilité qui eût été si grosse de tempêtes.

Donc ce que Mélanie lui dit en 1851 et rien, c'était pour nous la même chose.

Ce n'est pas à lui, mais à Mélanie *toute seule,* que Marie a dit, par deux fois.

« *Vous le ferez passer à tout mon peuple!* »

Et la preuve manifeste de cette vérité,

C'est que le Secret fut communiqué à Pie IX, en

1851; et que Mélanie avait reçu pouvoir de le publier, en 1858.

Or, à coup sûr, Marie, avec la connaissance que Dieu lui donne de l'avenir, ne pouvait ignorer que le Secret serait communiqué à Pie IX, en 1851.

Et cependant, elle n'en donna pas moins à Mélanie le pouvoir de le publier, en 1858.

Donc, encore une fois, à Mélanie, et à Mélanie toute seule, tant que Dieu la laissera sur la terre, de proclamer ce que Marie lui a confié. Mais aussi, au Pape de surveiller ce qu'elle fait et de juger ce qu'elle dit, pour voir s'il convient de la laisser parler.

— Donc la Mission de Mélanie persévère toujours, sous la haute surveillance de l'Eglise et dans les limites que lui permet l'Eglise; parce que Marie n'est venue rien faire, contre l'autorité de l'Eglise; comme elle n'est venue rien dire, contre les vérités de l'Evangile.

Et tant que Mélanie vivra, sa Mission durera.

Et le Pape lui imposât-il silence, sa Mission ne serait pas détruite, par ce silence; elle ne serait que suspendue. Mélanie s'en tiendrait alors à ce qu'elle aurait dit jusque là, — attendant avec confiance et abandon, que le Pape lui permette d'en dire davantage, si la Très Sainte Vierge le lui a ordonné.

Du reste, c'est ainsi qu'a toujours agi Mélanie et qu'elle veut toujours agir.

Une seule chose pourrait radicalement mettre fin à sa Mission, laquelle ? — la mort ? — non : Saint Pierre est mort depuis dix-huit siècles, et sa Mission vit toujours.

La Mission de Mélanie, c'est l'œuvre du salut entreprise par notre Mère, pour les élus des derniers temps; or, Mélanie peut mourir, l'œuvre lui survivra et Dieu y pourvoira.

Encore une fois, une seule chose peut radicalement mettre fin à la Mission de Mélanie : ce serait le cas où le Saint-Siège lui dirait, non pas de se taire, mais de se rétracter : *oh ! alors, sa Mission serait achevée, et de reste*.

On ne dira donc plus que la Mission de Mélanie est finie depuis l'an 1851.

Dieu soit loué !

XI

Une enquête qui en vaut la peine

Après la solution des difficultés qui, jusqu'à ce jour, avaient jeté tant d'ombres sur la grande Révélation de la Salette, deux questions se posent naturellement à l'esprit :

1° Assez de *miracles* ont-ils confirmé *l'Apparition de Marie à la Salette?*

2° Assez d'*évènements* ont-ils prouvé les *Révélations de la Salette?*

— Nous ne nous arrêterons pas à la première question ; l'énumération des prodiges accomplis par N.-D. de la Salette, serait bien superflue, lorsque l'on compte aujourd'hui, par milliers, les monuments élevés sur toutes les latitudes et qui sont là pour rendre témoignage de ces miracles, et en perpétuer le souvenir.

Parlons seulement des évènements, qui ont sanctionné les *Révélations de la Salette* et faisons ici une enquête qui en vaille vraiment la peine :

On a osé écrire que le *Secret* n'était qu'*inepties, mensonges* et *extravagances.*

Eh bien, ouvrons le *Secret* et cherchons-y nous-mêmes les inepties..... que d'autres ont cru y voir. Suivons, paragraphe par paragraphe ; laissant toutes fois le passage où il est parlé de désordres secrets, dont Dieu seul est le juge et dont seule Marie sait les raisons qu'elle a de s'en plaindre. Nous empruntons ce qui va suivre à notre dernier opuscule : « LE SECRET DE LA SALETTE et la SEMAINE RELIGIEUSE D'AMIENS :

1° Mélanie a-t-elle menti lorsqu'elle a écrit dans son Secret :

« La *Société est à la veille* des *fléaux les plus terribles* et des *plus grands* événements. »

L'année 1846, en effet, n'est-elle pas le prélude des douleurs ?

Depuis 1846, que de fléaux terribles ! et aussi que de grands événements !

PARMI LES FLÉAUX TERRIBLES : *tremblements* de terre, qui ont, çà et là, englouti des villes ; *inondations, choléra, phylloxéra, maladies des pommes de terre, famine,* en certains pays *mortalité extraordinaire des petits enfants, guerres civiles, guerres étrangères,* etc..., *tout cela en trente-six ans !...*

ET PARMI LES GRANDS ÉVÉNEMENTS, la seule

transformation sociale, opérée en si peu d'années, par *les inventions modernes,* n'est-elle pas la phase la plus saillante de l'histoire humaine, au seul point de vue temporel, et le plus grand événement considéré en lui-même et dans ses conséquences, pour l'avenir du monde ?

2° « Et *les divisions qui pénètrent partout parmi les régnants,* » et qui laissent sans force la foi des serments, des contrats, des traités, Mélanie a-t-elle *menti* en les annonçant ?

3° Et les conseils que le *Secret* donne à Pie IX, de le tenir en garde, contre l'astuce de Napoléon ?

Etaient-ils fondés ?

4° Et la chute vertigineuse de Napoléon III, prédite pour le temps où il voudrait être à la fois *Pape et Empereur ?*

L'avons-nous vue ?

5° Et l'abolition du Pouvoir temporel du Pape par l'*Italie, qui voudra,* dit le Secret, *secouer le joug du Seigneur des Seigneurs ?*

Est-ce un fait accompli ?

6° Et la *fermeture des églises* déjà opérée, en France et en Italie, sur une aussi grande échelle ? — Et l'*expulsion des Religieux,* en attendant leur massacre que la presse révolutionnaire prépare si activement ?

Le secret l'a-t-il prédit ?

7° Et l'*année 1864*, désignée dans le Secret comme devant être celle où *Lucifer et un grand nombre de démons seront déchaînés de l'enfer ?*

Est-ce un mensonge, pour quiconque se rappelle qu'en 1864 fut fondée l'Internationale, société sinistre qui, six ans après sa fondation, mettait Paris à feu et à sang, et qui, à l'heure actuelle, fait trembler tous les rois sur leur trône ?

8° Et le *déluge* des *mauvais livres,* qui inonde aujourd'hui la terre et porte partout la peste du vice et de l'incrédulité ?

Le Secret ne nous a-t-il pas signalé cet immense danger ?

9° Et le *magnétisme ?* et le *spiritisme ?* qui peuvent être appelés la grande plaie de la société ?

Par quelle lumière, l'humble bergère des Alpes avait-elle prévu ces *interventions diaboliques ?*

10° Et cette *langueur spirituelle* qui gagne même les bons ? Et ce dépérissement de là Foi, qui s'accuse même dans les contrées jusque-là les meilleures ?

11° Et cette annonce :

« On *abolira* les *pouvoirs civils* et *ecclésiastiques* » ?

N'est-ce pas le but poursuivi ouvertement par le Nihilisme Russe, le Socialisme Allemand, le Radicalisme Français, le Carbonarisme Italien et l'esprit de révolte universel ?

12° Et cette autre :

« Les *méchants attenteront plusieurs fois à la vie de Pie IX, sans pouvoir nuire à ses jours* » ?

Comment Mélanie le savait-elle ?

Elle qui ignore peut-être encore que, jusqu'à trois et quatre fois, les méchants ont tenté de faire périr Pie IX ?

13° Et Pie IX consommant son sacrifice dans la prison Vaticane, et mourant sans avoir vu le *triomphe*, alors que tant de voix chantaient qu'il le verrait, contrairement au Secret qui disait formellement le con-traire ?

14° Et les efforts « *des gouvernants* afin de *faire* » *disparaître tout principe religieux, pour faire place* » *au matérialisme, à l'athéisme, au spiritisme et à* » *toutes sortes de vices ?* »

Tout cela était-ce prédit dans le *Secret*, en toutes lettres ; et le voyons-nous s'accomplir à la lettre ?

15° Et les attentats à la vie humaine ? « *On ne verra partout qu'homicides !* » dit le Secret.

Que d'attentats accomplis aujourd'hui, d'une manière sanglante et en plein jour, jusque dans les cités qui furent, dans des temps meilleurs, les grandes capitales de la civilisation ?

Et à côté de ces attentats notoires, combien plus encore d'attentats consommés dans l'ombre de l'ignominie, au point que tel peuple trop connu, hélas! est menacé de périr, par le seul fait de la décroissance de sa population ?

16° Et « *les haines, les jalousies, les discordes* » entre concitoyens et parents, qui deviennent le mal[1] universel et désagrègent si profondément l'édifice social ?

Etait-ce mentir que de nous les signaler ?

17° Et tant de scandales dont la luxure est la provocatrice, et qui font, de nos cités, des foyers de pestilence et de sodomie ?

Ne méritaient-ils pas les plaintes de la Vierge Immaculée ?

18° Et « les *méchants déployant toute leur malice, pendant que les justes, aux termes du Secret, auront beaucoup à souffrir,* » n'est-ce pas le résumé prophétique de la situation actuelle ?

Dans cette enquête, nous ne parlons pas de *la guerre générale,* ni de la *destruction de Paris* qu'annonce le Secret, puisque ces deux prédictions sont encore à accomplir.

Néanmoins, qu'on nous permette une double remarque :

1° Pour la *guerre générale :*

Qui ne voit combien l'armement formidable des peuples la rend imminente et la prépare terrible ?

2° Quant à la *destruction de Paris* :

Qui n'a vu, en 1871, lorsque Paris, au pouvoir de la Commune, fut à deux doigts de sa perte, comment cette terrifiante menace pourrait très bien passer, de l'ordre des choses *possibles*, à l'ordre des choses *accomplies ?*

Ainsi, voilà le Secret pour les trente-six ans écoulés depuis l'apparition de la Mère des Douleurs, sur la Montagne des Larmes !

Nous venons de le suivre, pour ainsi dire, ligne par ligne, et jusqu'à ce jour, tout a été réalisé.

Or, si telle est la réalisation frappante du Secret jusqu'au temps où nous sommes, qui peut, maintenant, douter de son origine céleste et de sa réalisation pour l'avenir ?

Donc, le Secret est inattaquable à tous les points de vue ; soit qu'on le considère, ou *dans son origine ;*
ou *dans son essence ;*
ou *dans son but.*

1° *Inattaquable dans son origine* nécessairement céleste ; car le ciel seul a pu révéler les secrets de l'avenir, qu'il nous avait si admirablement dévoilés.
2° *Inattaquable dans son essence :*

Il n'est : 1° que l'affirmation de tous les dogmes : Dieu — Jésus-Christ — l'Eglise — le Pape — l'Enfer — le Jugement, etc., etc...

Il n'est : 2° que la préconisation de toutes les vertus : *humilité — pureté — charité*, etc., etc.

Il n'est enfin 3° que la flétrissure de tous les vices : orgueil — égoïsme — sensualité — avarice, etc., etc.

3° *Inattaquable dans son but :*

A quoi vise-t-il ? — à une chose : Sanctification du Clergé, pour le salut des âmes, le triomphe de l'Eglise, le règne de Dieu.

Si donc, malgré tant d'évidence, nous persistions à ne voir en Mélanie qu'une *illusionnée, une menteuse,* et dans son *Secret* qu'*inepties, mensonges* et *extravagances,*

Avouons-le, pour que l'endurcissement fût arrivé à ce degré, il faudrait bien que l'heure des justices ne soit pas loin de sonner.

EHEU, NOS MISERI !

XII

Un supplément

Au moment de livrer cet opuscule à la publicité, il nous arrive quelques observations de Mélanie.

En raison de leur importance, et pour que toute ombre soit dissipée, nous les citons :

« Castellamare, le 3 novembre 1882.

» *Que Jésus soit aimé de tous les cœurs !*

» Je ne sais si dans votre ouvrage vous n'auriez pas
» pu signaler les *abus et le manque de respect* commis
» par..... qui prennent sur leur conscience, de faire
» dire au Pape ce qu'il n'a jamais dit ; et cela, pour
» enlever toute croyance au *Secret*, et même à la
» *Miséricordieuse Apparition de N.-D. de la Salette.* »

Ainsi, X. de X... a dit à un de ses... :

« Le Saint Père m'a assuré, à moi-même, qu'il

» avait infligé un blâme sévère à Monseigneur de
» Lecce, pour avoir donné l'imprimatur au Secret de
» la Salette. »

» Or, je sais formellement que *Monseigneur Zola*
» *n'a jamais eu de blâme.*

» De plus, un autre X. de X... dit avoir reçu
» l'ordre du Saint-Père de prêcher contre *le Secret* de
la Salette ?

Qu'il s'en faut !

» Prions pour notre *pauvre et malheureuse France !*
» *Marie de la Croix, victime de Jésus.*
» *Vive N.-D. de la Salette ! »*

Par respect pour les personnes et par pitié pour les
âmes, nous taisons les noms; mais par respect et
amour pour la vérité, nous dénonçons les faits.

Sans doute ces faits ne sont que des erreurs, des
méprises!... oui, mais que de telles méprises sont
étranges! et que ceux qui les commettent ont, moins
que personne, le droit de qualifier Mélanie d'hallucinée et de menteuse!

Ah! si Mélanie en avait jamais commis de telles
méprises, que n'aurait-on pas dit? Et quel retentisse-
ment elles auraient eu! *Tout est-il donc permis,
maintenant, pourvu que ce soit contre la justice et la
vérité ?*

O mon Dieu, que de réflexions pénibles se pressent ici dans notre âme!

Où sommes-nous arrivés? — Et où n'arriverons-nous pas?

O Marie, arrêtez-nous!... O Jésus, épargnez-nous!

XIII

Un dernier mot ?

1ᵒ Le chaos moral ;

2ᵒ La catastrophe suprême ;

3ᵒ Le salut par Marie, prédits à la Salette, viennent d'être proclamés par Léon XIII.

Lisons :

Le 29 Janvier 1883 sa Sainteté disait :

« La plupart des catholiques de France ne **sont** avec Dieu, l'Eglise et le Pape, que dans les quëstions où Dieu, l'Eglise et le Pape **sont** pour eux... »

Mais si nous en sommes là, **c'est le chaos!**... et **quelle catastrophe** ne devons-nous pas redouter ?

Lisons encore :

Lettre apostolique du 16 janvier 1881 : (1)

« .... que les catholiques espèrent fermement que, par *l'intercession* de Marie Immaculée, ils échapperont à la Suprême et imminente **Catastrophe !...** »

Ainsi, d'après Léon XIII (et on est bien sûr que, Lui, ne dit pas d'inepties, de mensonges et d'extravagances...)

1° Nous sommes dans le **chaos moral ;**

2° A la veille d'une **catastrophe suprême ;**

3° **Seule l'Intercession** de Marie nous sauvera.

Or, ces trois mots résument admirablement le secret de la Salette, pour ce qui concerne le temps actuel.

D'où, il est clair comme le soleil, que l'Auguste Léon XIII ne respecte pas moins **le Secret de la Salette,** que le Bien-Aimé Pie IX l'a respecté, puisqu'il se fait ainsi l'écho solennel de la grande Révélation...

GLOIRE A MARIE !

et

VIVE † JÉSUS !

(1) Voir cette lettre dans le Journal l'*Univers* n° du 25 Février, 1883.

<h1 style="text-align:center">XIV</h1>

Une dernière prière

Le pieux et docte auteur de la vie de Maximin (1), nous communique, à l'instant, une révélation qui trouve ici sa place toute naturelle :

Le 2 janvier 1883, la Très Sainte Vierge est apparue, dans un hospice de Lyon, à une jeune fille, dans la salle des incurables.

Elle portait l'Enfant Jésus qui, lui-même, tenait un globe terrestre surmonté d'une croix brisée en trois morceaux.

Elle se disait bien attristée par l'ingratitude de son peuple, et demandait qu'on fasse dans toutes les paroisses et communautés des prières, des neuvaines, avec l'invocation :

« **Mère abandonnée, Mère affligée par des**
» **cœurs ingrats, priez pour nous !** »

(1) M. Emile Le Baillif, curé de Berville (Eure),

« Ce sont, a-t-elle dit, **les dernières prières**
» *que je demanderai.*

» **Je ne peux plus retenir le bras de mon**
» **Fils, prêt à châtier.** »

Avant de disparaître, la douce Immaculée passa la
main sur le front de la voyante :

« *Tu donneras la guérison* », lui dit-elle.

Aussitôt la malade fut guérie ; et se servant du
pouvoir reçu du Ciel, elle guérit immédiatement
quatre de ses compagnes, atteintes de maladies incurables.

— Un mois et demi après, elle entrait au couvent.

« *Ah ! si on savait ce que m'a dit la Très Sainte*
» *Vierge*, répète Anne-Marie, *comme on se hâterait*
» *de prier et de faire pénitence !* »

Quel sera le jugement de l'Eglise sur cette apparition ?

— Nous l'ignorons. Mais que signifie, juste Ciel !
cet accord de toutes les voix pour nous faire les
mêmes plaintes et les mêmes menaces ?...

Hélas !... Hélas !...

« *Sicut fuit in temporibus Noë et Loth : Sic erit in*
» *consummatione sœculi.* »

C'est écrit par Dieu : personne ne peut l'effacer.

XV

Conclusions des Conclusions

Il ressort clairement de ce qui précède deux grandes conclusions :

Ire CONCLUSION

Si le Secret n'a pas été condamné à Rome, c'est non seulement par égard pour Monseigneur le comte Zola, Evêque de Lecce, qui l'a approuvé ; mais aussi :

1° Par égard pour Son Eminence le cardinal Sforza, archevêque de Naples ; Son Eminence *le cardinal Guidi ;* et d'autres *cardinaux bien connus à Rome,* pour leur croyance au Secret ;

2° Par égard pour Monseigneur Ricciardi, archevêque de Sorrento ; *Monseigneur Pétagna,* Evêque de Castellamare ; *Monseigneur Baillès,* Evêque de

Luçon; *Monseigneur d'Urgel* et grand *nombre de Prélats Italiens et Orientaux* qui ont approuvé le Secret si formellement;

3° Par égard pour Pie IX, de si glorieuse mémoire, qui a encouragé la publication et la défense du Secret, par trois bénédictions consécutives et *autographes*.

Certes, la mort de Pie IX n'a pas détruit la valeur de ses actes, ni le prix de ses bénédictions! Car même, en dehors des définitions, *ex cathedra*, les actes et paroles du Pape, méritent la plus grande considération;

4° *Par égard pour Léon XIII*, que la *connaissance* personnelle de Mélanie et de son Secret a décidé à accorder le couronnement de N.-D. de la Salette; et qui, une fois le Secret publié par Mélanie, a confié à M. Nicolas, le soin d'écrire un livre, pour l'expliquer; *afin que tous le comprenant, personne ne puisse l'attaquer*;

5° *Par égard pour la raison et l'histoire*, qui établissent si bien, de concert, la vérité du Secret;

6° *Enfin, par égard pour la Divine Marie*, QUI NE NOUS A ENVOYÉ SA MESSAGÈRE QUE POUR QUE NOUS CROYONS A SON MESSAGE.

Ce qui revient à dire :

LE SECRET N'A PAS ÉTÉ CONDAMNÉ PARCE QU'IL NE POUVAIT PAS L'ÊTRE.

Donc :

CONCLUSION DE CETTE 1ʳᵉ CONCLUSION :

A tous, désormais, *d'étudier le Secret* qui est la clef de l'avenir ;

Et à chacun, de se recueillir, aux pieds de Notre Mère en pleurs, pour se demander si rien, dans sa conduite, n'a justifié la gravité de ses plaintes, l'amertume de ses larmes *et la terreur de ses menaces.*

2ᵉ CONCLUSION

Une fois le Secret prouvé ; et il l'est maintenant pour toujours, *tout ce qui le compose est prouvé.*

Dès lors, pour être logique, il n'y a plus de doute possible sur L'ORDRE RELIGIEUX que la Très Sainte Vierge appelle de ses vœux, dans le Secret ; et dont Mélanie a remis les règles à Sa Sainteté Léon XIII, en décembre 1878.

Donc

CONCLUSION DE CETTE 2me CONCLUSION :

Il faut se mettre enfin résolument à l'œuvre, pour accomplir les volontés de Marie, si clairement connues ; en fondant cet ORDRE D'APOTRES qui aura pour Mission, de prêcher les enseignements de l'Evangile, qu'est venue nous rappeler la Reine des Prophètes, des Apôtres et des Martyrs ; et procurer, ainsi, le plus beau des triomphes, aux larmes de la Mère des douleurs.

Supposé bien entendu que le Souverain Pontife conseille et approuve l'entreprise, *hésiter encore et temporiser toujours*, ne serait-ce pas forfaire à l'amour, plein de soumission empressée, que tous les vrais Enfants de Marie doivent à leur céleste Mère, et refuser la planche de salut que nous présente la divine Miséricorde ?

O vous donc, *Prêtres du Seignenr, tant réguliers que séculiers, novices, dignitaires, et vétérans du Sacerdoce,* vous tous qui avez d'autres ambitions que celles des gloires terrestres, et d'autres soucis que ceux des joies mondaines, quittez tout pour aller où votre Mère vous appelle, afin de jeter les bases de cet Ordre, destiné par Marie à être le *Phare de l'espérance*, dans les *tempêtes des derniers temps !...*

Ecoutez la sublime invitation que le céleste Message fait à tous, sans distinction de mérite, d'âge, ni de rang :

« *J'adresse, dit Marie dans son Secret, un pressant*
» *Appel* à la terre !...

» *J'appelle les vrais Disciples du Dieu vivant et*
» *régnant dans les Cieux !...*

» *J'appelle les vrais Imitateurs du Christ fait*
» *homme, le seul et vrai Sauveur des hommes !...*

» *J'appelle mes vrais dévots, ceux qui se sont don-*
» *nés à moi pour que je les conduise à mon divin*
» *Fils !... Ceux que je porte pour ainsi dire dans*
» *mes bras !... Ceux qui ont vécu de mon esprit !...*

» *Enfin, j'appelle les* APOTRES DES DERNIERS
TEMPS ! *les disciples fidèles de Jésus-Christ, qui ont*
vécu dans un mépris du monde et d'eux-mêmes, dans
la pauvreté et l'humilité, dans le mépris et dans le
silence, dans l'oraison et la mortification, dans la
chasteté et dans l'union avec Dieu, dans la souffrance
et inconnus du monde.

» IL EST TEMPS QU'ILS SORTENT ET VIENNENT
» ÉCLAIRER LA TERRE !

» *Allez et montrez-vous comme mes enfants chéris !*

» *Que votre Foi soit la lumière qui vous éclaire*
» *dans ces jours de malheur; que votre zèle vous rende*
» *des affamés, pour la gloire et l'honneur de* JÉSUS-
» CHRIST !

» Combattez, enfants de lumière ; vous, PETIT
» NOMBRE QUI Y VOYEZ.

» *Car voici le temps des temps, la fin des fins !...*»

Quel langage inimitable !... Qui ne sent passer dans
ces paroles le souffle de l'esprit de Dieu !...

Ainsi, les voilà exprimées formellement, les volontés de notre tendre Mère !...

Ah !... Honte, malheur à nous, si le cœur nous
manquait pour les réaliser !...

Il faudrait dire alors, qu'il n'y a plus de place qu'aux
vengeances divines ! et que la génération actuelle n'est
bonne qu'à l'extermination !...

Mais aussi, paix et espérance à tous, le jour où se
formera, sous la bannière de l'Incomparable héroïne
du Golgotha, cette nouvelle armée des Apôtres et des
soldats du Christ !...

Alors, le règne de Marie, tant prédit et désiré par
les saints, commencera !...

Oh !... quelle lumière se fera dans les esprits ?...

— Quelles flammes, quelles énergies s'allumeront dans les cœurs!...

— Que de bénédictions pleuvront d'en haut!

— Que de fleurs s'épanouiront en bas! et quelle ample moisson d'élus couvrira au loin la terre!...

Fiat!... Fiat!... Fiat!...

VIVE ✝ JÉSUS!

TABLE DES MATIÈRES

www.ingramcontent.com/pod-product-compliance
Lightning Source LLC
Chambersburg PA
CBHW061411060726
47597CB00003B/1023